AF227344

II/12 '12 659.

TABLEAU DES PAROISSES

DE L'ANCIENNE COLONIE

DE SAINT-DOMINGUE.

TABLEAU DES PAROISSES

DE L'ANCIENNE COLONIE
DE SAINT-DOMINGUE,

AVEC LA DÉSIGNATION
DES DIVERS QUARTIERS QUI LES COMPOSAIENT;

Pour servir de documens dans la Liquidation de l'Indemnité accordée aux Colons, en vertu de la loi du 30 avril 1826, et suivant le mode fixé par l'ordonnance du 20 septembre 1828.

N° 1. — OUANAMINTHE
OU N. D. DE L'ASSOMPTION.

La Mine.
La Nouvelle-Bretagne.
Les Brulages.
Le Trou de Jean de Nantes.
La Savanne au Jait.
— de la petite Artibonite.
— d'Ouanaminthe.
— du Canard.
— de Capotelle.
Savanne longue.
— de la Ravine aux Roches.
— du morne Obé.
L'Acul parisien.
Le Trou à Jeannot.
Maribaroux.
La Rivière des Sables.
Le Ouatapana.
La Rivière du Massacre.

N° 2. — FORT DAUPHIN
OU S' JEAN-BAPTISTE ET S' JOSEPH.

La baie de Mancenille.
Maribaroux.
Les Fonds blancs.
Les Fonds bleus.
La Coupe de Bayaya.
L'Acul à Samedi.
— des Pins.
La Crochue.
Les Fredoches.
La grande Colline.
La Mattrie.
La Roche plate.
Le Sans-Souci.
La Savanne carrée.
L'Acul à Conit.
Le Morne au Diable.
La belle Crête.
La Rivière du Massacre.
— de Marion.
Le Lagon.
Le Mont organisé.
La Rivière de la Pièce à canon.
Le Morne à Vigie.

N° 3. — TERRIER ROUGE
OU S' PIERRE.

Caracol.
Le petit Caracol.
Jaquesy.
Les Fonds blancs.
Les Mamelles.
Le Lagon Cayman.
Les Perches.
La Rav. du Piton des Roches.
Le grand Bassin.
La belle Hôtesse.
La Marre à l'Oie.
Le Morne rouge.

N° 4. — LE TROU
OU S' PIERRE.

Les Ecrevisses.
Le Rocou.
La Roche plate.
L'Acul de Genipayer.
— de St.-Denis.
— à Conit.
Caracol.
La Mahotière.
La plaine du Trou
La Riv. de la Goyave.
Les Perches.

N° 5. — VALIÈRE
OU S'' ROSE ET S' VINCENT.

Les Racadeux.
La Riv. à Mulâtre.
— à Prevost.
Le Trou vilain.
Le Boucan neuf.
La nouvelle Gascogne.
Les bas Ouragans.
Le Piton des Ténèbres.
— des Flambeaux
— des Nègres.
Rav. à Grimeau.
— à Mulâtre.

N° 6. — LIMONADE
OU S'' ANNE ET S'' SUZANNE.

L'Embarcadère de Limonade.
L'Islet de Limonade.
La Savanne de Limonade.
La Partie du Rocou.
— du Bois de lance.
Les Côtelettes.
La Partie des Côtelettes.
Le Moka neuf.
Les Fonds bleus.
Les Bois blancs.
La Plaine vaseuse.

N° 7. — QUARTIER MORIN
OU S' LOUIS.

Le Morne pelé.
La Riv. du Mapou.
— de la belle Hôtesse.
La Riv. des Frères.
— Rouge.

N° 8. — GRANDE RIVIÈRE
OU S'' ROSE.

La Montagne noire.
Le bourg de la Tannerie.
Les Crêtes plates.
Le Picaut.
Le fond Chevalier.
Le bois Chevalier.
Le joli Trou.
La belle Crête.
L'Epineux.
Le Bac à fourmi.
Les Perroquets.
L'Acul de deux.
Le gros Nez.
La Ravine des Roches.
Le Genipayer.
Les petites Marres.
Les Crêtes à Marcan.
Le beau Séjour.
La Crête à Dondon.
Les Cormiers.
La petite Guinée.
Le Giromont.
Le bois de pins.
Le Bahon.
Le Canton des Allemands.
Caracol.
Le grand Gilles.
Le Camp de Biros.
Le Bourg.
Le vieux Cant. des Allemands.

(2)

n des Roches.   La Ravine du fond.
te à Gautier.   — du Racau.
. au Diable.   — de la Banque.
e.   — de Notes.

N° 9. — DONDON
OU St MARTIN.

t du Trou.   Le bassin Cayman.
d Canari.   Le Matador.
rre à la Roche.   Le Calebassier.
leries.   Jean-Pierre.
l Chevalier.   Le Brochetage.
te de bœuf.   Les Vaseux.
ille.   La Rivière dorée.
s rouge.   — de la porte.
mentier.   La Tête colorade.

N° 10. — MARMELADE
OU Ste MARTHE.

n-Pierre.   La Rivière espagnole.
uffrière du Dondon.   La Ravine au Criquet.
teau.   Ennery (le canton d').
e de bœuf.   La Ravine à fourmi.
ntagne des Calumets.   — de la scarpe ou du
vière dorée.   timbe.

N° 11. — PETITE ANSE
OU N. D. DE LA CONCEPTION.

erches.   La Ravine des Matheux.
net à l'Evèque.   — à Guinga.
ut du cap.   — des sables.
net.

N° 12. — CAP FRANÇAIS
OU N. D. DE L'ASSOMPTION.

ut du cap.   Le Morne au Diable.
ovidence.

N° 13. — LA PLAINE-DU-NORD
OU St JACQUES.

orne rouge.   La Rivière des Matheux.
nd Boucan.   — du Haut du cap.
aseux.   — Trompette.

N° 14. — L'ACUL
OU N. D. DE LA NATIVITÉ.

orne rouge.   L'Embarcadère.
uffrière.   Les Manquets.
onds bleus.   La grande Ravine.
Mornets.   La Coupe à David.
mp de Louise.   La Rivière dorée.
upe à Mingaud.   La Ravine à David.
érigourdins.   — du petit Bois rouge.

N° 15. — LE LIMBÉ
OU St PIERRE.

La Soufrière.   La petite Guinée.
La Coupe à Joseph.   La petite Coupe du Limbé.
— de Plaisance.   L'Acul à Jean-Raux.
L'Islet à Cosne.   La Ravine des Roches.
Le Boucan.   Le Morne à deux têtes.
La Crête rouge.   La grande Ravine.
La grande Coupe du Limbé.   La Ravine à Roucou.
Les Fonds bleus.   Le Boucan Guimby.

N° 16. — PORT MARGOT
OU Ste MARGUERITE.

Le Corail.   La grande Plaine.
La Coupe du Margot.   Le Boucan Michel.
La Montagne noire.   Le Bras droit.
Le bas Quartier.   — gauche.
Le grand Bourg.   La Rivière à Rapau.
Le petit Borgne.   La Plaine à l'Anneau.
Le Margot.

N° 17. — BORGNE
OU St CHARLES BOROMÉ.

La Rivière salée.   La Ravine à Robin.
Le grand Boucan.   Le haut Champagne.
Le Fond Lagrange.   Le haut Borgne.
Le Boucan Michel.   Le Boucan Champague.
Les Sables.   — Mola.
Le Boucan Taché.   Le Précipice.
Les Côtes de fer.   Le Sergent.
Les Etangs.   Josaphat.
La Martiniquaise.   La petite Rivière.
Le Rigalay.   Le bas Borgne.
Le Margot.   La Rivière noire.
Le Trou d'enfer.   — des Sables.
La Rivière du Corail.

N° 18. — PLAISANCE ET PILATE
OU St MICHEL.

Le Piment.   La Ravine à Baudin.
La Trouble.   La Rivière de la porte.
L'Islet à Corne.   — de Plaisance.
La Coupe de Plaisance.   La Ravine du Malon.
Le Pilate.   — des Orangers.
Le Boucan André.   — de la Trouble.
La grande Rivière.   — des Islets.
le Mapou.   Le Bras droit du piment.
Le Bœuf blanc.   — gauche du piment.
La Rivière du Graix.   La Ravine Trompette.
La Provence.   — du Mauvais pays.
La Ravine Champagne.   — aux Judes.

N° 19. — S LOUIS DU NORD
OU PETIT St LOUIS.

La pointe d'Icaque.   La petite Rivière.
Le bas de Sainte Anne.   La Crête des bayonnettes.
Le Cap rouge.   Le haut Moustique.
La Rivière de Barre.   La Crête des citronniers.
— des Nègres.   — des orangers.
— de la Caye.   La Crête à Mine.

Les Etangs.
Le Calebassier.
Le Fond Brignollier.
— Méance.
La Roche ronde.
Le Kaïrou.
Le Bas de la pierre.
Le Mapou.
La Rivière Vandroc.

N° 20. — PORT DE PAIX
OU N. D. DE LA CONCEPTION.

La plaine du Port de Paix.
La montagne du Port de Paix.
Réné de bas.
La Plate.
Le Fond Ramier.
Le haut et bas Moustique.
Ravine des grosses Roches.
Rivière des trois Rivières.
— salée.
La Sienthe.
Là Montagne du cochon maigre.
La Mahaufière.
La Pointe à Palmiste.
L'Original
La Terre neuve.
La Corne.
La Crochue.
Les Crêtes.
Le petit Pérou.
Les Salines.
La Falaise.
Les Sources chaudes.
Le Calebassier.
Montagne de la Platté.

N° 21. — GROS MORNE
OU S¹ PIERRE.

Le Boucan Richard.
La Rivière Mancel.
— de l'Acul.
Le Moulin.
Le Château.
Ravine aux perches.
— à Bouyon.
— des perroquets.
Le Pendu.
La Rivière blanche.
Le Précipice.
La Ravine aux chiques.
— des halliers.
La Rivière des trois Rivières.
La Savanne longue.
La Ravine des raquettes.
Le Morne à guêpes.
L'Etang.
L'Oranger doux.
La Terre neuve.
La Mahotière.

N° 22. — JEAN RABEL.

Le vieux Corail.
Le Cardinal.
Les trois Sources.
La Ravine des pièges.
La Guinaudée.
Le Bassin bleu.
La petite Rivière.
Le Prunier.
Le Mardi-gras.
La Source à André.
— ronde.
Les Côtes de fer.
Le Calebassier.
Le Port à l'écu.
Le Morne à pavillon.
— à bourrique.
La Rivière à Colas.
— à l'Acoma.
Les Mahots.
La Montagne de la barre.
— d'or.
La Montagne.
Les Palmistes francs.
La Pointe d'orange.
Les Citronniers.
La Mare rouge.
Le Boucan salé.
L'Acoma.

N° 23. — MOLE S¹ NICOLAS.

Les Côtes de fer.
La Source ronde.
Le Mardi-gras.
Le Abricots.
Les Citronniers.
La Rivière du mole.
Le Ravine à machine.

N° 24. — BOMBARDE.

La Plaine d'orange.
La Marre à savon.
Le Bébé.
La Platte-Forme.

Le Trou des oiseaux.
La Source à figuier.
Le Carrefour.
Le Palmiste à vin.
L'Henne.

N° 25. — PORT A PIMENT.

La Plaine du parc.
Terre neuve.
Le Bras droit.
Eaux de Boynes.
Morne des cabris.
Etang du corridon.

N° 25 bis. — ILE DE LA TORTUE.

La Roselière.
La Pointe aux oiseaux.
Le Gringot.
Le Terrier rouge.
Le Milplantage.
Le grand Mahé.
Le petit Mahé.

N° 26. — LES GOUAIVES
OU S¹ CHARLES ET S¹ MARTHURIN.

La Brande.
La Savanne désolée.
— de la croix.
— ronde.
La Basse terre.
Terre neuve.
La grande Colline.
Les Bassins.
La Charbonnière.
La Mothe.
La Marre à Colas.
La Montagne noire.
La grande Rivière.
La petite Rivière.
Le Morne des pilous.
Rivière à couleuvres.
Le Bois neuf.
La Rivière de la croix.
Le Morne des Sources.
Le Morne à Vigie.
— à Cas.
La Ravine à calumets.
La Rivière de la quinte[...]
Le Morne de l'hôpital.
La Coupe à Pintade.
Le grand Piton.
Le bas des Escaliers.
Le Boucan bouteilles.
Le grand Ilet.
Le chemin neuf.
Le Morne neuf.
Le Boucan espagnol.
Le Lagon.
La Nouvelle-Flandre.
Le Cochon gras.
La Montagne de la pier[...]
La Rivière des trois R[...]
Les Savannes aux chou[...]

N° 27. — S¹ MARC.

Le Fossé du nabot.
Le bas de l'Esterre.
La Saline.
Les Cordes à violon.
Le grand Fonds.
Le Tapion.
Les hauts de St.-Marc.
Les Roseaux.
Le Montrouis.
La Rivière salée.
L'Anse à l'Inde.
La Rivière de la colline.
La Rivière des roseaux.
Les Cachimentiers.
Le Morne au diable.
Le grand Pierre.
La Rivière de l'Artibon[ite]
— des guêpes.
Le Boucan des folleux.
La Rivière du fond de C[...]
La petite Rivière.
La Rivière de banique.
— du canot.
Le Figuier maudit.
La Ravine sèche.
Rivière du petit Bouca[n]
— du Boucan pour[...]
La Marre à langue de ch[...]
La Savanne de l'étable.
L'Ester aux rats.

N° 28. — LA PETITE RIVIÈRE
OU S¹ JÉRÔME.

Le haut de l'Artibonite.
L'Ester.
Le Cabeuil.
La Plaine des malminier[...]
Les Cordes à violon.
Le Fossé du Nabot.

ne à couleuvres.
des pitons.
de la verdure.
du petit Fond.
de la plaine à Min-
guet.
de la Savanne brû-
lée.
miste coupé.
nte à palmiste.
sé du massacre.
nquillité.
vaire.
pe à l'Inde.

Le Fossé du fer à cheval.
La Rivière du Morne rouge.
— espagnole.
— des Guêpes.
Le Morne des goyaviers.
La Crête à Pierrot.
Le Piton carré.
La Rivière des capucins.
Les grands Cahos.
Les petits Cahos.
La Marécageuse.
La Raque à Vache.
Morne de la pipe.
Les grands Abreuvoirs.

N° 29. — LES VERETTES.

rière de l'Artibonite.
du Tapion.
nde Rivière.
annes.
Savannette.

La Montagne des Verettes.
La Coupe à Mardi-gras.
La Rivière des éperlins.
Orangers verts.

N° 30. — MIRBALAIS
OU St LOUIS.

can carré.
ine du petit fond.
nde Plaine.
vière des capucins.
— du fer à cheval.
— à canot.
— la tumbe.
ochus.
can Cani.
vière de Jean Lebas.
scogne.
vière du tournebroche.
— de la mahotière.
— des feutiers.

Le Morne des orangers.
Le Guenipayer.
La Selle.
La Montagne terrible.
L'Acul des cadets.
Les Galetas.
La Coupe à Mardi-gras.
La grande Savanne.
Le grand Boucan.
Les Sarrazins.
Trianon.
La Colline espagnole.
La Tête de cochon.

N° 31. — L'ARCAHAYE
OU St PIERRE.

ontrouis.
r. froide ou des Matheux.
vine à Cornet.
ucasssin.
élices.
rou forban.
— Baguette.
inte à Paturon.
nses des bois verts.
inte du corail.
vière des vases.
— des bretelles.

La Rivière de la Caye, dite
Carnière.
Les Sources.
Le Fond Baptiste.
La Montagne noire.
Les Fonds blancs.
La Ravine à Dumas.
Le Boucan Zombi.
— content.
La grande Colline.
Les Sources puantes.

N° 32. — LA CROIX DES BOUQUETS
OU N. D. DU St ROSAIRE.

ensez-y-bien.
rochus.
ond du diable.
ascogne.

La Rivière aux roches.
La Montagne des grands bois.
Le Trou coucou.
— d'eau.

La Ravine de la Mahotière.
Le Trou Cayement.
Le Boucan Brock.
La Rivière des orangers.
Le Fond parisien.
La grande Plaine.
Le Balisage.
La Montagne des enfans perdus
— de la source.
Le Pays pourri ou Quartier
Bourbon.
La nouvelle Lorraine.
La Rivière d'Est.
— blanche.
Le Boucan patate ou Quartier
St.-Jean.
Les grands Bois.
Les petits Bois.
Le Galet.
La Coupe à Mahot.
Le Fond verette.

La grande Raque.
Le Boucan greffier.
— la pluie.
L'Etang saumatre.
Le Marécage.
La Rivière creuse.
Le Boucan soldat.
La Crête aux chats.
La Plaine du cul-de-sac.
L'Acul espagnol.
La Source à bœuf.
Les Varreux.
La Marre aux oies.
Le Rendez-vous.
La nouvelle Bourgogne.
Le Palmiste clair.
La Saline.
Les Sources puantes.
Les Bois blancs.
La montagne de la selle.
La nouvelle Saintonge.

N° 33. — PORT AU PRINCE
OU N. D. DE L'ASSOMPTION.

La Plaine du cul-de-sac.
Le Morne de l'hôpital.
Bellevue.
La Rivière de la voûte.
Le Trou Moncusson.
Le grand Fond.
La Rivière de la Mahotière.
La Montagne noire.
La Rivière froide.
La grande Rivière de Leogane.
La Rivière du petit bras.
— Bahail.
— des fougères.
Le petit Corail.

Le Fond Ferrier.
La Rivière du fourq.
La Charbonnière.
L'Etang du jonc.
La nouvelle Bourgogne.
— Touraine.
Les Soucailles.
Le Lamentin.
Le Morne des pièges.
Le Trou Bordet.
La Crête barrée.
Le Fond boudin.
Le Tapion blanc.
Les Hauts de bel air.

N° 34. — LÉOGANE
OU Ste ROSE.

La grande Rivière de Léogane.
Le Morne à bateau.
Le Trou d'enfer.
Le Fond d'hoir.
La grande Saline.
Le Boucan Guimby.
La Rivière de la petite plaine.
— du Tapion.
— de l'Ester.
— du petit Boucan.
— de Latour.
— de Orangers.

Le Morne à Fanchon.
La Rivière des citronniers.
— des balisiers.
— à court bouillon.
— des cormiers.
Le Coq qui chante.
La grande Ravine.
La Rivière des sources.
Le Palmiste à vin.
La Rivière du fond boudin.
La Frelate.

N° 35. — GRAND GOAVE
OU St FRANÇOIS.

Le Fond de Brignotte.
La courte Oreille.
La Raque à Cotard.
Les Moussambés.

La Crique.
L'Ilet.
La grande Ravine.
La grande Colline.

Le Bois-drû.
Le Trou Jean Robert.
La Rivière du Bras gauche.
La petite Rivière.
La Rivière à l'eau.
— à Perroquets.
La Ravine à Guilbert.
— à Filasse.
Le T apion.
La Rivière du fond de la fleur.
— Gabriel.
— à Deschamp.
Le grand Abbé.
Le petit Abbé.
La Raque à Vache.

N° 36. — PETIT GOAVE
OU N. D. DE L'ASSOMPTION.

Le trou Canari.
Les Orangers.
Le Fond Arabie.
Le Tapion.
Le Massacre,
La Ravine sèche.
— de Provence.
La grande Ravine.
Les Palmes.
Les Platons.
La Ravine du Fourg.
La Savanne longue.
Le Trou chouchou.
La Pointe percée.
La Ravine creuse.
Le Tapion de Miragoane.
La Rivière Saumache où le Dormant.
Le Trou Lamby.
La Rivière à Petit.
— à Baret.
— à Raphaël.
Le Fort royal.
Le Petit étang.

N° 37. — LE FOND DES NEGRES
OU St MICHEL.

Miragoane.
La belle Rivière.
Les Godets.
La Rivière de l'Endiablé.
Les Savannettes de l'ouest.
Le Trou Lazare.
Le Fond des blancs.
Le Rochelois.
La Ravine des trois palmistes.
Le Trou Pilate.
La Rivière du fond des nègres.
— des citronniers.
La Ravine d'argent.

N° 38. — ANSE A VEAU
OU Ste ANNE.

La petite Rivière.
Le Rochelois.
La grande Rivière de Nipes.
L'Azile.
L'Acul des savanes.
Le Saut du baril
Les Cocoyers.
La Ravine des perches.
La Savane rouge
Les Orangers.
Le Fond breton.
Le Four.
Le Trou forban.
La Rivière de l'anse trouvée.
— du fond des Lianes.
Les Pins.

N° 39. — PETIT TROU.

Les Pins.
Le Saut.
Plaisance.
La Rivière du Baconnais ou des Côtes de fer.
La Ravine du trou Forban.
Les Baradaires.
La Rivière salée.
Le Désert.
Le Morne de la tête de bœuf.
La Ravine du fond palmiste.
Les Côtes de fer.
La Rivière à l'eau.
Le Mapou.
La Mère nourrice.
La Ravine du Nom de Jésus.
Les grandes Anses.
La Baye des garçons.
La Rivière d'ange.

N° 40. — JÉRÉMIE
OU St LOUIS.

Le Morne de l'anse du clerc.
Les hauts de la grande Riv.
Le Trou Bonbon.
Le Fond d'amourette.
Les Fonds rouges.
La grande Rivière de Jérémie.
Le Désert.
Nouvelle Plymouth.
Pestel.
La Rivière à Mahau.
Les Oranges sures.
La Rivière froide.
La Guinaudée.
Le Vieux bourg.
La Voldrogne.
Le Fond cochon.
Les Roseaux.
Le petit Trou.
Le Fond des halliers.
— d'Icaque.
La Patte large.
Les Caymites.
La Rivière des carpes.
Le Morne de la Cas
La Rivière des sable
— de Torbe
— de la Ser
Les Balisiers.
La Montagne de la l
La Rivière du corail.
La Ravine à bouriqu
Le Fond bayard.
— bleu.
La Rivière de Calen
Le Fond palmiste.
Le Boucan Tuffet.
La Grande Anse.
Les Sources chaudes
Les Abricots.
La Ravine à Gaudin
— à Chalou
Le Tapion jaune.
La Ravine chouchou
Le Trou aux sardine
Grand Vincent.
Le Fond Pierret.

N° 41. — CAP DAME MARIE.

L'Ilet à Pierre Joseph.
Les Hauteurs de la grande Rivière de la grande Anse.
La Rivière de la seringue.
Le Trou d'enfer.
La Ravine du Roy.
La petite Rivière.
La grande Rivière.
Le Trou Rousselin.
La Rivière des nègr
L'Anse de l'hôpital.
— d'Enaux.
— d'Alergue.
La Pointe à Fanchon
— des Irois.
— des Figuiers.
— des Carcasses
Le Cap à foux.

N° 42. — CAP TIBURON
OU St JEAN-BAPTISTE.

La Rivière de Tiburon.
— de la Cahouane.
Le Tapion.
La grande Pointe.
La petite Plaine.
Le beau Manoir.
La Pointe à Burgaux
Les Aigrettes.
Le vieux Boucan.
La Rivière des Angla
Les Anses.

N° 43. — LES COTEAUX.
OU St PIERRE.

Les Anglais.
La Chardonnière.
La Rivière salée.
— à Louis.
L'Acul à Jean.
La Rivière des trois Rivières.
Le Port à piment.
Les Damassins.
La Roche à bateau.
L'Anse à juif.
— à Drick.
La Rivière des orange
La belle Dame.

N° 44. — PORT SALUT

- :ron de porc.
- bacou.
- Marche à terre.
- Rivière du coin de l'anse.
- — à Rolland.
- — à Mahot.
- — du harang.
- — à Galais.
- Pointe à Nonette.
- nse du trou à Gros-Pierre.
- L'Anse au diable.
- La Rivière cayemite.
- — des pauvres.
- L'Anse à requin.
- — à terre-glaise.
- — à liane.
- La grande Caye à bœuf.
- La petite Caye à bœuf.
- L'Abacou.

N° 45. — TORBECK
OU St JOSEPH.

- vieux Bourg.
- tie des Savanettes.
- Ravine sèche.
- n-Dézé
- Ravine des aiguilles.
- Fond-vert.
- Camp de la France.
- Boucan de la France.
- Fond des palmistes.
- Rivière du Mesle.
- — du Prince.
- — de Torbeck.
- La Rivière du Cochon.
- Le Palmiste écrit.
- La Rivière des mornes.
- L'Acul.
- Le Quitte là là.
- Les Platons.
- La Rivière des carossiers.
- — Robin.
- — Cadeville.
- — de l'Aunay.
- Le Bras droit de la Rivière de l'anse à Drick.

N° 46. — LES CAYES
OU N. D. DE L'ASSOMPTION.

- Plaine à Jacob.
- let.
- Fond des frères.
- Ravine à l'anse.
- Parc.
- Plaine à Pitre.
- Ravine du sud.
- n Dézé.
- rtie des Savannettes.
- Le Malfini.
- Coustard ou pays Coustard.
- Le Morne à coquilles.
- La Rivière de Mitron.
- L'Etang des roseaux.
- Le Fond de l'Ile à vache.
- Le Trou à bêtes.
- L'étang des Cocoyers.
- D'imbacoussous.

N° 47. — CAVAILLON,

- s Flamands.
- petit Plaisance.
- Malfini.
- Bras gauche.
- Montag. de la Rav. blanche.
- Le Morne des orangers.
- La Rivière des citronniers.
- La Ravine aux bœufs.
- La Crête à Scipion.
- Le Trou Zombi.

N° 48. — St LOUIS DU SUD.

- es Anglais.
- e Morne Saint-Georges.
- a Grelaudière.
- e grand Fond.
- a Boucan.
- a Rivière des orangers.
- a pointe Pascal.
- La baye du Paradis.
- Bricourt.
- Les Palmes.
- La baie de Mesle.
- La petite Plaine.
- La pointe à Depas.

N° 49. — AQUIN
OU St THOMAS.

- es Côtes de fer.
- a Callebassière.
- es grands Halliers.
- Les Flamands.
- La Colline d'Aquin ou la grande Colline.

- Le Diamant.
- La Rivière dormante.
- — à Nicaise.
- Le Morne rouge.
- — de l'hirondelle.
- La Baleine.
- La Colline à Mangon ou le Boucan au coq.
- La Pointe à Labarque.
- La Pointe des Lataniers.
- L'Anse Fouquet.
- Le Trou Saint Marc.
- La Rivière des grands Palmistes.
- — Serpente.
- — de Mahot.
- L'Hermitage.
- L'Azile.

N° 50. — BAYNET
OU St PIERRE.

- L'Anse à Canot.
- La Brésilienne.
- a grande Rivière.
- 'Ilet.
- es Orangers.
- e Gandou.
- es Gris-gris.
- a Rivière du Mapou.
- a Rivière la grande Crête.
- a Ravine à Maillet.
- La Rivière à Caracoli.
- La Ravine des Galibis.
- Rivière du massacre.
- — du Jamais vu.
- — à Crevettes.
- — du petit Corail.
- — du Bout de l'Anse.
- Rivière de l'Azur.
- — du Trou Mahot.
- — du petit Bras.
- — des Orangers.
- La Ravine à Michel.
- — à Crabe.
- — de la plaine à Monbain
- La petite Rivière.
- La Ravine du Boucan bellier.
- La Ravine du bras de la croix.
- La Ravine au Padre.
- — sèche.
- La Rivière de la pimentière.
- — du Bras.
- Ravine à Cabrie.
- Le Godet.

N° 51. — JACMEL
OU St JACQUES, St PHILIPPE, N. D. DE L'ASSOMPTION.

- La grande Rivière.
- La Rivière de gauche.
- La Gosseline.
- Les Orangers.
- La Voûte.
- Le Cap rouge.
- La Vallée.
- Le Bout de l'Anse.
- La plaine Barguette.
- La Ravine Mabiane.
- — des nègres marons.
- — de la Mahotière.
- Le Fond melon.
- Le petit Fond de la botte.
- Le Coq qui chante.
- L'Anse à Canot.
- La Rivière du gros pilon.
- Le Cochon gras.
- La Rivière à Madée.
- La petite Rivière.
- La Rivière du grand harpon.
- La Ravine Evannaux.
- — de paix.
- — au diable.
- — à l'eau.
- — à Jacques.
- Le Morne des palmes.
- La Crête à Piment.
- La Rivière du petit harpon.

N° 52. — CAYES DE JACMEL.

- Les Anses à pitre.
- La grande Plaine.
- Le sale Trou.
- La Guillaumone.
- Le Fond Jean Noël.
- Fesle.
- Le petit Mouillage.
- Le Bourg.
- Les Blancs.
- Le Cap rouge.
- La Rivière des trois mères.
- — pavée.
- — de Bioche.
- La Marre à Calebasse.
- La Montagne de la selle.
- Le Fond Trilinguet.
- Saint Jean.
- Les grands Gosiers.
- Le Marigot.
- Le Bonnet carré.
- La Rivière du Massacre.
- — des citronniers.
- — de la grande marre.
- La Ravine blanche.
- La Rivière salée.
- — des prêcheurs ou du sale Trou.
- Le Morne des pièges.
- La Ravine du souffleur.
- — de la baye d'Orange.

TABLE ALPHABÉTIQUE
DES QUARTIERS.

NOMS DES QUARTIERS.	Nᵒˢ DES PAROISSES.
Abacou. (l')	44
Abricots (les)	23, 40
Acoma. (l')	22
Acul. (l')	14, 45
Acul à Conit. (l')	2, 4
Acul à Jean. (l')	43
Acul à Jean Raux. (l')	15
Acul à samedi. (l')	2
Acul de deux. (l')	8
Acul de Genipayer. (l')	4
Acul des cadets. (l')	30
Acul des pins. (l')	2
Acul de Saint Denis. (l')	4
Acul des savanes. (l')	38
Acul espagnol (l')	32
Acul parisien. (l')	1
Aigrettes. (les)	42
Anglais. (les)	43, 48
Anses (les)	42
Anse à canot (l')	50, 51
— à Drick. (l')	43
— à Juif. (l')	43
— à liane (l')	44
— à l'Inde. (l')	27
Anses à pitre. (les)	52
Anse à requin (l')	44
— à terre glaise. (l')	44
— au diable. (l')	44
— à veau. (l')	38
— d'Alergue. (l')	41
— d'Enaux. (l')	41
— de l'hôpital. (l')	41
— des bois verts. (l')	31
— du Trou gros Pierre (l')	44
— Fouquet (l').	49
Aquin.	49
Arcahaye (l').	31
Azile.	38, 49
Bac à fourmi (le).	8
Bahon (le).	8
Baleine (la).	49
Balisage (le).	32
Balisiers (les).	40
Baradaires (les).	39
Bas borgne (le).	17
— de la pierre (le).	19
— de l'esterre (le).	27
— de Sainte Anne (le).	19
— des escaliers (le).	26
— moustique (le).	20
Bas ouragans. (les).	5
Bas quartier (le).	16
Basse terre (la).	26
Bassin bleu (le).	22
— cayman (le).	9
Bassins (les).	26
Bay (le).	8
Baye de Mancenille (la).	2
— des garçons (la).	39
— du mesle (la).	48
— du paradis (la).	48
Baynet.	50
Beaumanoir (le).	42
Beauséjour. (le).	8
Bébé (le).	24
Belle crête (la).	2, 8
Belle-Dame. (la).	43
Belle hôtesse (la).	37
Bellevue.	8, 33
Blancs (les).	52
Bœuf blanc (le).	18
Bois blancs (les).	6, 32
— Chevalier (le).	8
— de lance (le).	8
— neuf.	26
— de pins (le).	8
Bois dru (le).	35
Bois rouge (le).	9
Bombarde.	24
Bonnet (le).	11
— à l'évêque (le).	11
— carré (le).	52
Borgne.	17
Boucassin (le).	31
Boucan (le).	15, 48
— André. (le).	18
— au coq.	49
— bouteilles (le).	26
— brok (le).	32
— cani (le).	30
— carré. (le).	30
— Champagne (le).	17
— content (le).	31
— de la France (le).	45
— Espagnol (le).	26
— greffin (le).	32
— guimby (le).	34
— de la plaine (le).	32
— Michel (le).	16, 17
— Mola (le).	17
— neuf. (le).	5
— Patate ou quartier St. Jean (le).	32
— Richard (le).	21
— salé (le).	22
— soldat (le).	32
— taché (le).	17
— Tuffet (le).	40
— zombi (le).	31
— le bourg (le).	8
— — (le).	52
— de la tannerie.	8
Bout de l'Anse (le).	51

NOMS DES QUARTIERS.	Nᵒˢ DES PAROISSES.	NOMS DES QUARTIERS.	Nᵒˢ DES PAROISSES.
nde (la).	26	Coustard ou pays Coustard.	46
s droit (le).	16, 25	Crète à Gautier.	8
— de la Rivière de l'anse	»	Crète à marcau (la).	8
à Drick.	45	— à mine.	19
s droit du piment.	18	— à Pierrot.	28
s gauche (le).	16, 47	— à piment.	51
— du piment (le).	18	— à Scipion.	47
silienne (la).	50	— aux chats.	32
court.	48	— Barrée.	33
chetage (le).	9	— des bayonnettes.	19
lages (les).	1	— des citronniers.	19
		— des orangers.	19
euil.	28	— du dondon.	8
himentiers (les).	27	— plates (les).	8
ebassier (le).	9, 19, 20, 22, 49	— rouge.	15
vaire (le).	28	Crètes (les).	20
up de biros.	8	Crique (la).	35
up de la France (le).	45	Crochue (la).	2, 20
— de Louise (le).	14	Crochues (les).	30, 32
ton des Alemands.	8	Croix des bouquets.	32
rouge (le).	19, 51, 52.		
à foux (le).	41	Damassins (les).	43
dame Marie (le).	41	Délices (les).	31
Français (le).	12	Désert (le).	39, 40
Tiburon (le).	42	Diamant (le).	49
acol.	3, 4, 8	D'imbacoussous.	46
dinal (le).	22	Dondon.	9
refour (le).	24	Dormant (le).	36
raillon.	47		
res (les).	46	Eaux de Boynes.	25
— de Jacmel (les).	52	Ecrevisses (les)	4
rmites (les).	40	Embarcadère (l').	14
arbonnière (la).	26, 33	Embarcadère de limonade.	6
ardonnière (la).	43	Ennery (le canton d').	10
âteau (le).	21	Epineux (l').	8
emin neuf (le).	26	Ester (l').	28
ronniers (les).	22, 23	Etang (l').	21
hon gras (le).	26, 51	— des cocoyers.	46
oyers (les).	38	— des roseaux.	46
line à Mangon ou le Bou-		— du corridon.	25
an au coq.	49	— du jonc.	33
line d'Aquin ou la grande		Etangs (les).	19
Colline.	49	(les).	17
line espagnole.	30	Etang saumâtre.	32
qui chante (le).	34, 51	Etron de porc.	44
rail (le).	16		
rdes à violon (les).	27, 28	Falaise (la).	20
rmiers (les).	8	Fesle.	52
ne (la).	20	Figuier maudit (le).	26
teaux (les).	43	Flamands (les).	47, 49
tes de fer (les).	17, 22, 23, 39, 49	Fond Arabie.	36
ttelettes.	6	— d'amourette.	40
upe à David (la).	14	Fond Baptiste.	31
— à Joseph.	15	Fond Bayard.	40
— à l'Inde.	28	— blanc.	2, 3, 31
— à Mahot.	32	— bleu.	2, 6, 14, 15, 40
— à mardi-gras.	29, 30	— boudin.	33
— à Mingaud.	14	— breton.	38
— à Pintade.	26	— brignolle.	35
— de Bayaya.	2	— brignollier.	19
— de Plaisance.	15, 18	— canari.	9
— du Margot.	16	— chevalier.	8, 9
urte oreille (la).	35	— cochon.	40

NOMS DES QUARTIERS.	Nᵒˢ DES PAROISSES.
Fond de l'ile à vache.	46
— des blancs.	37
— des frères.	46
— des halliers.	40
— des nègres.	37
— des Palmistes.	45
— d'hoir.	34
— d'Icaque.	40
— du diable.	32
— ferrier.	33
— Jean Noël.	52
— Lagrange.	17
— meance.	19
— melon.	51
— palmiste.	40
— Parisien.	32
— Pierret.	40
— ramier.	20
— rouges.	40
— trilinguet.	52
— verettes.	32
— vert.	45
Fort dauphin.	2,
— royal.	36
Fossé du fer à cheval.	28
— du massacre.	28
— du nabot.	27, 28
Four (le).	38
Fredoches (les).	2
Frelate (la).	34
Galet (le).	32
Galetas (le).	30
Galleries (les).	9
Gandon.	50
Gascogne (la).	30, 32
Genipayer (le).	8
Giromont.	8
Godet (le).	37, 50
Gonaives.	26
Gosseline (la).	51
Grand abbé.	35
— abreuvoirs (les).	28
— anse (la).	40
— anses (les).	39
— bassin (le).	3
— bois (les).	32
— boucan (le).	13, 17, 30
— bourg.	16
— Cahos (les).	28
— cave à bœuf.	44
— Colline (la).	2, 26, 31, 35, 49
— coupe du Limbé.	15
— Fonds (les).	27, 33, 48
— gilles (le).	8
— goave.	35
— gosiers (les).	52
— halliers.	49
— Ilet.	26
— mahé.	25 bis
— Pierre.	27
— piton.	26
— plaine.	16, 30, 32, 52

NOMS DES QUARTIERS.	Nᵒˢ DES PAROISSES.
Grande pointe (la).	42
— raque.	32
— ravine.	14, 15, 34, 35, 3
— rivière (la).	8, 18, 26, 29, 40, 50,
— rivière de Léogane.	34
— rivière de Nipes.	38
— saline.	34
— savanne.	30
— Vincent.	40
Grelaudière (le).	48
Gringot (le).	25 bis
Gris gris (le).	50
Gros morne (le).	21
— nez (le).	8
Guenipayer.	30
Guillaumone (la).	52
Guille (la).	9
Guinaudée (la).	22, 40
Haut borghe (le).	17
— Champagne (le).	17
— de l'artibonite.	28
— de Saint Marc.	27
— du cap.	11, 12
— du trou.	9
— moustique.	19, 20
— hauteurs de la grande Rivière.	40
— de la grande Rivière de la grande Anse.	41
Henne (l').	24
Hermitage (l').	49
Imbacoussous (d').	46
Ile de la Tortue.	25 bis
Ilet (l').	35, 46, 50
— à corne.	15, 18
— à Pierre Joseph.	41
— de limonade.	6
Irois (les).	41
Jacmel.	51
Jaquezy.	3
Jean-Baptiste.	2
— Dézé.	45
— Pierre.	9, 10
— Rabel.	22
Jérémie.	40
Joli trou (le).	8
Josaphat.	17
Kairou (le).	19
Labacou.	44
Lagon (le).	2, 26
— cayman.	3
Lamentin.	33
Léogane.	34
Liannes.	29
Limonade.	6
Limbé (le).	15

NOMS DES QUARTIERS.	Nᵒˢ DES PAROISSES.	NOMS DES QUARTIERS.	Nᵒˢ DES PAROISSES.
Mahotière (la).	4, 20, 21	Morne à vigie.	2, 26
Mahots (les).	22	— de l'anse du clerc.	40
Malfini.	46, 47	— de la castache.	40
Mamelles (les).	3	— de la pipe.	28
Manquets (les).	14	— de la plaine à Mingrue	28
Mapou (le).	18, 19, 39	— de la savanne brûlée.	28
Marche à terre.	44	— de la tête de bœuf.	39
Mardi-gras.	22, 23	— de la verdure.	28
Marécage.	32	— de l'hirondelle.	49
Marécageuse.	28	— de l'hôpital.	26, 33
Maribaroux.	1, 2	— des cabrits.	25
Marigot (le).	52, 16, 17	— des goyaviers.	28
Marmelade.	10	— des orangers.	30, 47
Marre à Colas.	26	— des palmes.	51
— à calibasse.	52	— des piéges.	33, 52
— à langue de chat.	27	— des pilons.	26
— à l'oie.	3	— des pitons.	28
— à la roche.	9	— des sources.	26
— aux oies.	32	— du petit fond.	28
— à savon.	24	— pelé.	7
— rouge.	22	— rouge.	13, 14, 49
Martinicaise (la).	17	— Saint Georges.	48
Massacre (le).	36	Mornets (les).	14
Mattrie (la).	2	Mothe (la).	26
Matador (le).	9	Mou'in (le).	21
Maussambé (le).	35	Maussambés.	35
Mère nourrice (la).	39		
Milplantage.	25 bis.	Nipes (les).	38
Mine (la).	1	Nouvelle Bourgogne.	32, 33
Miragoane.	37	— Bretagne.	1
Mirbalais.	30	— Flandre.	26
Moka neuf (le).	6	— Gascogne.	5
Mole Saint Nicolas.	23	— Lorraine.	32
Montagne (la).	22	— Touraine.	33
— de la barre.	22	Notre-Dame de l'Assomption.	1, 12, 33, 36, 46, 51
— de la hotte.	40	— de la Conception.	11, 20
— de la pierre.	26	— de la Nativité.	14
— de la platte.	20	— du saint Rosaire.	32
— de la ravine blanche.	47		
— de la selle.	32, 52	Ouanaminthe.	1
— de la source.	32	Oualapana.	1
— des callumets.	10	Orangers (les).	36, 38, 50, 51
— des enfans perdus.	32	— doux (les).	21
— des grands bois.	32	— surs (les).	40
— des verelles.	29	— verts (les).	29
— d'or.	22	Original (l').	20
— du cochon maigre.	26		
— du port de paix.	26	Palmes (les).	36, 48
— noire.	8, 16, 26, 31, 33	Palmiste à vin.	24, 34
— terrible.	30	— clair.	32
Mont organisé (le).	2	— coupé.	28
Montrouis.	27, 31	— écrit.	45
Morne à batteau.	34	— francs.	22
— à bœuf.	26	Parc.	46
— à bourrique.	22	Partie des cotelettes.	6
— à cas.	26	— des savanettes.	45, 46
— à coquilles.	46	— du bois de l'anse.	6
— à couleuvre.	28	— du Rocou.	6
— à deux têtes.	15	Patte large (la).	40
— à fanchon.	34	Pays coustard.	46
— à guêpes.	21	— pourri ou Quartier Bourbon.	32
— à pavillon.	22		
— au diable.	2, 12	Pensez-y bien.	32

NOMS DES QUARTIERS.	Nos DES PAROISSES.
Pendu (le).	21
Perches (les).	3, 4, 11
Périgourdins (les).	14
Perroquets (les).	8
Pestel.	40
Petit abbé.	35
Petite anse.	11
Petit bois.	32
— borgne.	16
— corail.	3, 33
Petite caye à bœuf.	44
— coupe du limbé.	15
— Guinée.	8, 15
— marres.	8
— plaine.	42, 48
Petite rivière.	17, 19, 22, 26, 27, 28, 35, 38, 41, 50, 51
— savannette.	29
Petit étang.	36
— Goave.	36
— fond de la botte.	51
— mahé.	25 bis
— mouillage.	52
— plaisance.	47
— Pérou.	20
— Saint Louis.	19
Petits cahos.	28
Petit trou.	39, 40
Picaut (le).	8
Pilate (le).	18
Piment.	18
Pimentier.	9
Pins (les).	38, 39
Piton des flambeaux.	5
— des nègres.	5
— des roches.	8
— des ténèbres.	5
Plaine à Jacob.	46
— à l'Anneaux.	16
— barguette.	51
— des Malminiers.	28
— d'orange.	24
— du cul de sac.	32, 33
— du nord.	13
— du parc.	25
— du petit fond.	30
— du port de paix.	20
— du trou.	4
— vaseuse.	6
Plaisance.	59
— et pilaté.	18
— Plate (la).	20
Plateau.	10
Platons (les)	36, 45
Platte forme.	24
Plimouth.	40
Pointe à Burgaux	42
— à Depas.	48
— à Fanchon.	41
— à nonette.	44
— à paturon.	31
— à palmiste.	20, 28
— de la barque.	49
Pointe des carcasses.	41
— des figuiers.	41
— des irois.	41
— des lataniers.	49
— des oiseaux.	25 bis
— d'Icaque.	19
— d'orange.	22
— du corail.	31
— percée.	36
— Pascal.	48
Port à l'écu.	22
— à piment.	25, 43
— au prince.	33
— de paix.	20
Porte (la).	9
Port margot.	16
— salut.	44
Précipice (le).	17, 21
Provence (la).	18
Providence.	12
Prunier (le).	22
Quartier Bourbon.	32
— Morin.	7
Quitte là là.	45
Quartier saint Jean.	32
Racadeux (les).	5
Raque à cotard.	35
— à vache.	28, 35
Ravine à baudin.	18
— à bourrique.	40
— à Bouyon.	21
— à cabrie.	50
— à calumets.	26
— à chaloupe.	40
— à cornet.	31
— à crabe.	50
— à David.	14
— à Dumas.	31
— à fourmi.	10
— à Gaudin.	40
— à Grimeau.	5
— à Guinga.	11
— à Jacques.	51
— à l'anse.	46
— à l'eau.	51
— à machine.	23
— à Maillet.	50
— à Michel.	50
— à mulatre.	5
— à Robin.	17
— à Roucou.	15
— au criquet.	10
— au diable.	8, 51
— aux bœufs.	47
— aux chiques.	21
— aux judes.	18
— aux perches.	21
— blanche.	52
— Champagne.	18
— chou chou.	40
— creuse.	36

NOMS DES QUARTIERS.	Nᵒˢ DES PAROISSES.	NOMS DES QUARTIERS.	Nᵒˢ DES PAROISSES.
vine d'argent.	37	Rivière à perroquets.	35
— de la banque.	8	— à petit.	36
— de la baye d'orange.	52	— à Prevost.	5
— de la mahotière.	32, 51	— à Rapau.	16
— de la piéce à canon.	2	— à Raphaël.	36
— de la plaine à monbain.	50	— à Rolland.	44
— de la scarpe ou du timbe.	10	— à rockes.	32
— de la trouble.	18	— bahail.	33
— de notes.	8	— blanche.	21, 32
— de paix.	51	— cadeville.	45
— de Provence.	36	— Carnière.	31
— des aiguilles.	45	— cayemite.	44
— des halliers.	21	— cochon.	45
— des galibis.	50	— creuse.	32
— des grosses roches.	20	— d'ange.	39
— des ilets.	18	— de banique.	27
— des matheux.	11	— de barre.	19
— des nègres marons.	51	— de bioche.	52
— des orangers.	18	— de gauche.	51
— des perroquets.	21	— de Jean le bas.	30
— des piéges.	22	— de l'acul.	21
— des raquettes.	21	— de l'Anse trouvée.	38
— des roches.	15	— de l'Artibonite.	27, 29
— des sables.	1, 11	— de Latour.	34
— du boucan bellier.	50	— de l'aunay.	45
— du fond.	8	— de l'azur.	50
— du fond palmiste.	39	— de la cahouane.	42
— du fourq.	36	— de la caye.	19, 31
— du malon.	18	— de la colline.	27
— du mauvais pays.	18	— de la croix.	26
— du nom de Jésus.	39	— de la goyave.	4
— du padre.	50	— de la grande Crète.	50
— du petit bois rouge	14	— de la grande marre.	52
— du piton des roches.	3	— de la mahotière.	30, 33
— du racau.	8	— de la petite plaine.	34
— du Roy.	41	— de la pimentière.	50
— du souffleur.	52	— de la porte.	18
— du sud.	46	— de la quinte.	26
— du timbe.	10	— de la seringue.	40, 41
— du trou forban.	39	— de la voute.	33
— evannaux.	51	— de l'endiablé.	37
— mabiane.	51	— de Léogane.	33
— sèche.	27, 36, 45, 50	— de l'Ester.	34
— trompette.	18	— de marion.	2
Rivière à Baret.	36	— de Mahot.	49
— à court bouillon.	34	— de mitron.	46
— à canot.	30	— de plaisance.	18
— à caracoli.	50	— de torbeck.	40, 45
— à Colas.	22	— de tiburon.	42
— à couleuvres.	26	— des anglais.	42
— à crevettes.	50	— des balisiers.	34
— à Deschamps.	35	— des bretelles.	31
— à filasse.	35	— des calembois.	40
— à Galais.	44	— des capucins.	28, 30
— à Guilbert.	35	— des carossiers.	45
— à l'acoma.	22	— des carpes.	40
— à l'eau.	35, 39	— des citronniers.	34, 37, 47, 52
— à Louis.	43	— des cormiers.	34
— à Madée.	51	— des côtes de fer.	39
— à Mabau.	40, 44	— des éperlans.	29
— à mulâtre.	5	— des feutiers.	30
— à Nicaise	49	— des fougères.	33
		— des frères.	7

NOMS DES QUARTIERS.	Nᵒˢ DES PAROISSES.	NOMS DES QUARTIERS.	Nᵒˢ DES PAROISSES.
Rivière des grands palmistes.	49	Rivière pavée.	52
— des guêpes.	27, 28	— robin.	45
— des matheux.	13, 31	— rouge.	7
— des mornes.	45	— sallée.	17, 20, 27, 39, 43, 52
— des nègres.	19	— saumache ou le dormant.	36
— des nègres marons.	41	— trompette.	13
— des orangers.	32, 34, 43, 48, 50	— vandroc.	19
— des pauvres.	44	Rendez-vous.	32
— des perches.	38	René de bas.	20
— des prêcheurs ou du sale Trou.	52	Rigalay.	17, 16
— des rozeaux.	27	Roche à bateau.	43
— des sables.	17, 40	Rochelois.	37, 38
— des sources.	34	Roche plate.	2, 4
— d'est.	32	Roche ronde.	19
— des trois Rivières.	20, 21, 26, 43, 52	Rocou.	4, 6
— des vases.	31	Roseaux.	27, 40
— dorée.	9, 10, 14	Roselière.	25 bis
— dormante.	49		
— du baconnais ou des côtes de fer.	39	Sables (les).	17
— du Boucan pourri.	27	Sale Trou.	52
— du bout de l'Anse.	50	Salines.	20, 27, 32
— du bras.	50	Sans souci (le).	2
— du bras de la croix.	50	Sarrazins (les).	30
— du bras gauche.	35	Saut.	39
— du fond de candole.	27	Saut du baril.	33
— du canot.	27	Savanne au lait.	1
— du coin de l'Anse.	44	— aux choux.	26
— du corail.	17, 40	— de capotelle.	1
— du fer à cheval.	30	— de la croix.	26
— du fond boudin.	34	— de la petite artibonite.	1
— du fond de la fleur.	35	— de la ravine aux roches.	1
— du fond des lianes.	38	— de limonade.	6
— du fond des nègres.	37	— de l'étable.	27
— du fourq.	33	— désalée.	26
— du graix.	18	— d'ouanaminthe.	1
— du grand harpon.	51	— du canard.	1
— du gros pilon.	51	— du morne obé.	1
— du harang.	44	— longue.	1, 21, 36
— du haut du cap.	13	— quarrée.	2
— du jamais vu.	50	— ronde.	26
— du mapou.	7, 50	— ronde.	38
— du massacre.	1, 2, 50, 52	Savannettes.	45, 46
— du mesle.	45	— de l'ouest.	37
— du mole.	23	Sainte Anne.	6, 38
— du morne rouge.	28	Saint Charles Boromée.	17
— du petit bras.	33, 50	— François.	35
— du petit Boucan.	27, 34	— Jacques.	13, 51
— du petit corail.	50	— Jean.	52
— du petit harpon.	51	— Jean-Baptiste.	42
— du prince.	45	— Jérome.	28
— du tapion.	29, 34	— Joseph.	2, 45
— du tourne broche.	30	— Louis.	7, 30, 40
— du trou Mahot.	50	— Louis du nord.	19
— espagnole.	10, 28	— Louis du sud.	48
— froide.	33, 40	— Marc.	27
— froide ou des matheux.	31	Sainte Marguerite.	16
— Gabriel.	35	— Martin.	9
— la belle hotesse.	7	— Marthe.	10
— la tumbe.	30	— Michel.	18, 37
— mancel.	21	— Nicolas.	23
— noire.	17		

NOMS DES QUARTIERS.	N.os DES PAROISSES.
t Philippe.	51
— Pierre.	3, 4, 15, 21, 31, 43, 50
— Rose.	5, 8, 34
— Suzanne.	6
— Thomas.	49
— Vincent.	5
e (la).	30
gent (le).	17
the.	20
cailler.	33
ffrière.	14
— du dondon.	10
— du limbé.	15
rce à André.	22
— à bœuf.	32
— à figuier,	24
rces (les).	31
— chaudes.	20, 40
rces puantes (les).	31, 32
— ronde.	22, 23
ion (le).	27, 35, 36, 42
— blanc.	33
— jaune.	40
— de miragoane.	36
re neuve (la).	20, 21, 25, 26
rier rouge.	3, 25 bis
e à cochon.	30
— colorade.	9
— de bœuf.	9, 10
beck.	45
nquillité.	28
anon.	30
is sources.	22
u.	4
— à bêtes.	46
— à Jannot.	1

NOMS DES QUARTIERS.	N.os DES PAROISSES.
Trou aux sardines.	40
— baguette.	31
— bonbon.	40
— bordet.	33
Trouble (la).	18
Trou canari.	36
— cayemant.	32
— chou chou.	36
— coucou.	32
— d'eau.	32
— d'enfer.	27, 34, 41
— de Jean de Nantes.	1
— des oiseaux.	24
— forban.	31, 38
— Jean Robert.	35
— Lamby.	36
— Lazare.	37
— Moncusson.	33
— Pilate.	37
— Rousselin.	41
— Saint Marc.	49
— vilain.	5
— zombi.	47
Valière.	5
Vallée (la).	51
Varreux.	32
Vazeux.	9, 13
Verrettes.	29
Vieux canton des Allemands.	8
— boucan.	42
— bourg.	40, 45
— corail.	22
Voldrogne.	40
Voûte.	51
Yrois.	41